SYLLABAIRE,

OU

NOUVEL ALPHABET

FRANÇAIS,

DIVISÉ PAR SYLLABES,

A L'USAGE DES ÉCOLES PRIMAIRES.

PARIS.

IMPRIMERIE ET LIBRAIRIE CLASSIQUES

DE JULES DELALAIN ET Cie,

Rue des Mathurins-St-Jacques, N° 5, près la Sorbonne.

1842

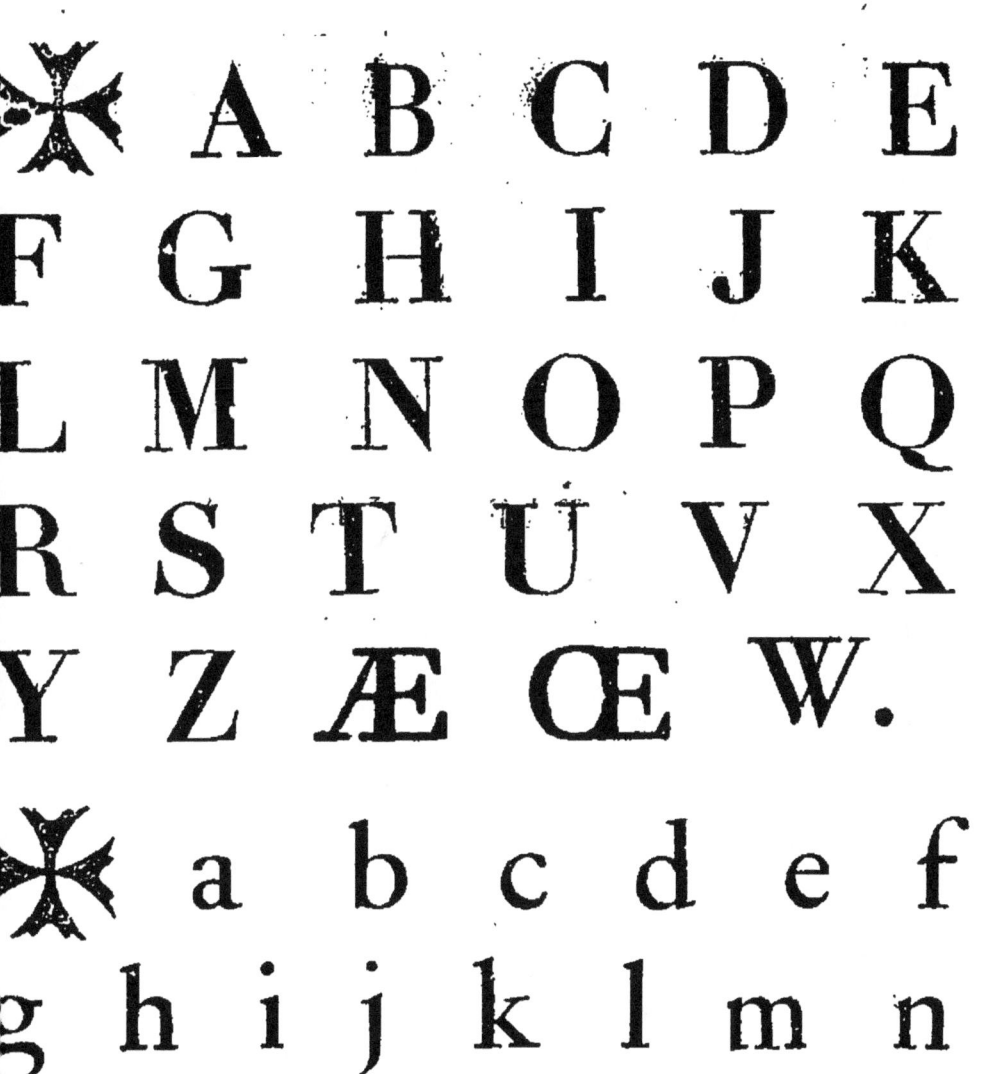

✠ Aa Bb Cc Dd Ee é è ê ë
Ff Gg Hh Ii Jj Kk Ll
Mm Nn Oo Pp Qq Rr Ss Tt Uu
Vv Xx Yy Zz Ææ Œœ Ww.

p d b q l h o y a m g n s c i r f x
v e t s u z p b d p e c k d p q d
p b q e é ê è ë e r n s q u t v z.

✠ *Aa Bb Cc Dd Ee Ff Gg Hh
Ii Jj Kk Ll Mm Nn Oo Pp
Qq Rr Ss Tt Uu Vv Xx Yy
Zz Æ œ Œ œ Ww.*

*m a n b o c p d q e r f s g t i u k
v l h j x é y è z ê a ë v b u e t d
s e r f q g p o h n i m j l a r o x.*

ff ff fi fi ffi ffi fl fl ffl ffl s b sb
sl sl si si s si ct ct ae æ oe œ.
é ê e s ç f r oe œ f ph t th.

(4)

ba	bé	bê	be	bi	bo	bu
ca	cé	cê	ce	ci	co	cu
da	dé	dê	de	di	do	du
fa	fé	fê	fe	fi	fo	fu
ga	gé	gê	ge	gi	go	gu
ha	hé	hê	he	hi	ho	hu
ja	jé	jê	je	ji	jo	ju
la	lé	lê	le	li	lo	lu
ma	mé	mê	me	mi	mo	mu
na	né	nê	ne	ni	no	nu
pa	pé	pê	pe	pi	po	pu
qua	qué	quê	que	qui	quo	quu
ra	ré	rê	re	ri	ro	ru
sa	sé	sê	se	si	so	su
ta	té	tê	te	ti	to	tu

va vé vê ve vi vo vu
xa xé xê xe xi xo xu
za zé zê ze zi zo zu
bla blé blê ble bli blo blu
bra bré brê bre bri bro bru
chra chre chré chri chro chru
cla clé clê cle cli clo clu
cra cré crê cre cri cro cru
dra dré drê dre dri dro dru
sla slé slê sle sli slo slu
fra fré frê fre fri fro fru
gla glé glê gle gli glo glu
gna gné gnê gne gni gno gnu
gra gré grê gre gri gro gru
gua gué guê gue gui guo guu

pla plé plê ple pli plo plu
pra pré prê pre pri pro pru
pha phé phê phe phi pho phu
spa spé spê spe spi spo spu
sta sté stê ste sti sto stu
tla tlé tlê tle tli tlo tlu
tra tré trê tre tri tro tru
tha thé thê the thi tho thu
vra vré vrê vre vri vro vru
ai ei oi au eu ou
a am an. e em. o om. on.
prend. pour. lourd. fort. sourd.
cœur. croix. bois. paix. mort.

   Nous, de vons, tou jours, crain dre, l'œil, d'un, Dieu, qui, voit, tout.

L'Oraison Dominicale.

No tre, Pè re, qui, ê tes, dans, les, Cieux, que, vo-tre, nom, soit, sanc ti fi é, que, vo tre, rè gne, ar ri ve, que, vo tre, vo lon té, soit, fai te, en, la, ter re, com me, au, Ciel. Don nez, nous, au jour-d'hui, no tre, pain, quo ti di en. Et, nous, par don nez, nos, of-fen ses, com me, nous, par-don nons, à, ceux, qui, nous, ont, of fen sés. Et, ne, nous, a-ban don nez, point, à, la, tenta tion. Mais, dé li vrez, nous, du, mal. Ain si, soit-il.

―――

La Salutation Angélique.

Je, vous, sa lue, Ma rie, plei ne, de, grâ ce, le, Sei-gneur, est, a vec, vous. Vous, ê tes, bé nie, en tre, tou tes, les, fem mes, et, Jé sus, le, fruit, de, vo tre, ven tre, est, bé ni.

Sain te, Ma rie, mè re, de, Dieu, pri ez, pour, nous, pau-vres, pé cheurs, main te nant, et, à, l'heu re, de, no tre, mort. Ain si, soit-il.

Le Symbole des Apôtres

Je, crois, en, Dieu, le, Père, tout, puis sant, cré a teur, du, ciel, et, de, la, ter re, et, en, Jé sus-Christ, son, fils, u ni que, no tre, Sei gneur. Qui, a, é té, con çu, du, Saint, Es prit, né, de, la, Vier ge, Ma rie. Qui, a, souf fert, sous, Pon ce, Pi la te, a, é té, cru ci fi é, est, mort, et, a, été, en se ve li. Est, des cen du, aux, en fers, le, troi si è me, jour, est, res sus ci té, des, morts, est, mon té, aux, Cieux, est, as sis, à, la, droi te, de, Dieu, le, pè re, tout, puis sant. D'où, il, viendra, ju ger, les, vi vants, et, les, morts.

Je, crois, au, Saint, Es prit, la, sain te, E gli se, ca tho li que, la, com mu nion, des, Saints, la, ré mis sion, des, péchés, la, ré sur rec tion, de, la, chair, la, vie, é ter nel le. Ain si, soit-il.

La Confession des Péchés.

Je, me, con fes se, à, Dieu, Tout, Puis sant, à, la, bien heu reu se, Ma rie, tou jours, Vier-

ge, à, saint, Mi chel, Ar chan-
ge, à, saint, Jean, Bap tis te,
aux, A pô tres, saint, Pier re,
et, saint, Paul, et, à, tous, les,
Saints, par ce, que, j'ai, beau-
coup, pé ché, par, pen sées,
par, pa ro les, et, par, ac ti ons.
J'ai, pé ché, par, ma, fau te,
par, ma, fau te, par, ma, très-
gran de, fau te. C'est, pour-
quoi, je, sup plie, la, bien-
heu reu se, Ma rie, tou jours,
Vier ge, saint, Mi chel, Ar-
chan ge, saint, Jean, Bap-tis te,
les, A pô tres, saint, Pier re,
et, saint, Paul, et, tous, les,

Saints, de, pri er, pour, moi, le, Sei gneur, no tre, Dieu.

Les Commandements de Dieu.

1. Un seul Dieu tu adoreras et aimeras parfaitement.

2. Dieu en vain tu ne jureras, ni autre chose pareillement.

3. Les Dimanches tu garderas en servant Dieu dévotement.

4. Père et Mère honoreras, afin de vivre longuement.

5. Homicide point ne seras de fait ni volontairement.

6. Impudique point ne seras de corps, ni de consentement.

7. Les biens d'autrui tu ne prendras, ni retiendras injustement.

8. Faux témoignage ne diras, ni mentiras aucunement.

9. La femme ne convoiteras, de ton prochain charnellement.

10. Biens d'autrui ne désireras, pour les avoir injustement.

Les Commandements de l'Eglise.

1. Les Dimanches Messe entendras, et les Fêtes pareillement.

2. Les Fêtes tu sanctifieras, qui te sont de commandement.

3. Tous tes péchés confesseras, à tout le moins une fois l'an.

4. Ton Créateur tu recevras, au moins à Pâques humblement.

5. Quatre-temps, Vigiles jeûneras, et le Carême entièrement.

6. Vendredi chair ne mangeras, ni le Samedi mêmement.

PRIÈRES
PENDANT LA MESSE.

En entrant dans l'Eglise.

Que ce lieu est terrible et vénérable ! c'est ici la maison de Dieu, et la porte du Ciel. Faites, Seigneur, que je sois dans le respect, et que je tremble à la vue de votre sanctuaire.

En prenant de l'eau bénite, il faut faire le signe de la Croix, et dire :

Mon Dieu, répandez en moi l'eau de votre grâce, pour

me purifier de plus en plus, afin que les adorations que je viens vous présenter, vous soient agréables.

Avant que la Messe soit commencée.

Je viens, ô mon Dieu, pour assister au saint Sacrifice : donnez-moi votre grâce, afin que j'y assiste avec une foi vive, un amour ardent, et une humilité profonde.

Pendant que le Prêtre est au bas de l'Autel.

J'ai péché, mon Dieu, je ne suis pas digne de lever les yeux au ciel, ni de regarder votre

Autel, pour vous adorer : mais que tous les Saints vous prient pour moi. Je vous demande grâce, ô mon Dieu Tout-Puissant, faites-moi miséricorde, et m'accordez le pardon de mes péchés par Jésus-Christ notre Seigneur.

Quand le Prêtre monte à l'Autel.

Père céleste, qui êtes Dieu, ayez pitié de nous. Fils rédempteur du monde, qui êtes Dieu, ayez pitié de nous. Esprit Saint, qui êtes Dieu, ayez pitié de nous.

Au Gloria in excelsis.

Je vous adore, ô Père céleste ! vous êtes le souverain Seigneur, le Roi du Ciel, le Dieu tout-puissant. Je vous adore aussi, ô Jésus mon Sauveur ! vous êtes le seul saint, le seul Seigneur, le seul très-haut, avec le Saint-Esprit en la gloire de Dieu le Père.

Pendant les Oraisons.

Dieu Tout-Puissant, faites-nous la grâce d'avoir l'esprit tellement rempli de telles pensées, que toutes nos paroles et nos actions ne tendent qu'à vous plaire, par Jésus-Christ notre Seigneur.

A l'Épître.

Faites-moi, ô mon Dieu ! la grâce d'aimer votre sainte parole, d'en apprendre les vérités, et d'en pratiquer les préceptes dès mon enfance.

A l'Evangile.

Seigneur, bénissez mon esprit, ma bouche et mon cœur,

de sorte que mes pensées, mes paroles et mes actions soient réglées par votre Evangile, et que je sois toujours prêt à marcher dans la voie des saints Commandemens qu'il contient.

Au Credo.

Augmentez ma foi, Seigneur, rendez-la agissante par la charité, et faites-moi la grâce de vous être fidèle jusqu'à la mort, afin que je reçoive la couronne de vie.

A l'Offrande.

O Dieu, qui dites dans votre parole : Donnez-moi votre cœur, je vous offre le mien en même temps que le Prêtre vous offre ce pain et ce vin ; je vous offre aussi mon corps : faites que ce corps et cette âme soient une hostie vivante, sainte, et agréable à vos yeux.

Lorsque le Prêtre lave ses doigts.

Lavez-moi, Seigneur, dans le sang de l'Agneau sans tache pour effacer de mon corps et de mon âme les moindres taches du péché.

A l'Orate, Fratres.

Que le Seigneur veuille recevoir ce saint sacrifice pour sa gloire, pour mon salut, et pour l'utilité de toute son Eglise.

A la Préface.

Elevez, Seigneur, mon cœur au Ciel, afin que je vous adore avec les Anges, en disant comme eux : Saint, Saint, Saint, le Seigneur, le Dieu des armées ; les Cieux et la Terre sont remplis de la majesté de votre gloire.

Après le Sanctus.

Mon Dieu, défendez votre Eglise contre tous les ennemis visibles et invisibles, conduisez par votre grâce, notre saint Père le Pape, Monseigneur notre évêque, et les autres Pasteurs, à qui vous avez confié le soin des âmes. Conservez le Roi, bénissez mes parens, mes bienfaiteurs et mes amis, et particulièrement N. et N.

Il faut penser aux personnes pour qui l'on est obligé de prier.

Avant la Consécration.

Nous vous prions, Seigneur, que votre juste colère étant apaisée, vous receviez favorablement l'offrande que nous allons vous présenter : donnez-nous la paix pendant le reste de nos jours, et mettez-nous au nombre de vos élus.

A l'Elévation de la Sainte Hostie.

C'est là votre corps, ô mon divin Sauveur ! je le crois, parce que vous l'avez dit : j'adore ce corps sacré avec une humilité profonde, et je l'offre à votre Père pour mon salut.

A l'Elévation du Calice.

O précieux sang qui avez été répandu pour nous sur la Croix, je vous adore, je vous crois véritablement dans ce calice, je suis prêt à répandre mon sang pour l'honneur de vous, guérissez-moi, purifiez-moi, sanctifiez-moi.

Après l'Elévation.

Faites-moi la grâce, ô mon Dieu ! de me souvenir toujours que ce corps sacré qui est maintenant présent sur l'Autel a été livré à la mort, et que ce divin sang qui est dans le précieux calice, a été répandu pour mon salut, afin que je vous serve toute ma vie avec ardeur ; souvenez-vous aussi de cette mort, afin que vous me pardonniez mes péchés avec miséricorde.

Au Memento *des Morts.*

Souvenez-vous, Seigneur, de vos serviteurs et de vos servantes qui sont morts dans la foi, et qui dorment du sommeil de la paix, et particulièrement de N. et N.

Il faut ici penser aux morts pour qui l'on est obligé de prier.

Pardonnez-leur, ô mon Dieu! le reste de leurs péchés, et leur accordez votre saint Paradis, afin qu'ils se reposent parfaitement de leurs travaux et de leurs peines.

Au Nobis quoque peccatoribus.

Seigneur, ayez pitié de moi qui suis un misérable pécheur, et daignez, nonobstant mon indignité, m'accorder un repos éternel avec tous vos Saints.

A la seconde Elévation.

Recevez, mon Dieu, cette offrande du corps et du sang de votre Fils, et rendez-moi participant des mérites de sa mort. Père céleste, avec lui, par lui et en lui, vous appartient toute la gloire et la louange.

Au Pater noster.

Il faut dire : Notre Père qui êtes dans les cieux, etc.

Après le Pater

Délivrez-nous, Seigneur, par votre bonté, de tous les maux passés, présents et à venir, et assistez-nous des secours de votre miséricorde, afin que nous ne soyons jamais esclaves du péché.

A l' Agnus Dei.

Agneau de Dieu, qui effacez les péchés du monde, ayez pitié de nous.

Agneau de Dieu, qui effacez les péchés du monde, ayez pitié de nous.

Agneau de Dieu, qui effacez les péchés du monde, donnez-nous la paix.

Au Domine non sum dignus.

Seigneur, je ne suis pas digne que vous entriez dans mon cœur, mais vous pouvez me délivrer de mes indignités ; dites seulement une parole, et mon âme sera guérie.

O mon doux Jésus, qui désirez si ardemment de vous unir à nous, je vous ouvre mon cœur pour vous y recevoir, comme mon Sauveur et mon Dieu.

Lorsque le prêtre communie.

Que votre corps, ô mon divin Rédempteur, et votre

sang précieux purifient mon corps et mon âme, qu'ils me fortifient et me nourrissent sur la terre ; jusqu'à ce que je sois rassasié de votre présence dans le Ciel !

Après la Communion.

Mon Dieu, ne laissez pas rentrer dans mon âme le péché que vous y avez détruit par le Baptême ; que Jésus-Christ mon Sauveur vive toujours en moi, et que je sente sa divine présence, en faisant des actions conformes à celles qu'il a faites lorsqu'il était sur la terre.

A la Bénédiction.

Que Dieu tout-puissant nous bénisse, le Père, le Fils et le Saint-Esprit. Ainsi soit-il.

A l'Evangile selon saint Jean.

Jésus, mon Sauveur, vous êtes le Fils unique de Dieu, vous êtes Dieu comme le Père et le Saint-Esprit. Cependant pour nous sauver, vous êtes venu au monde, vous avez souffert la mort, vous vous rendez présent sur le saint Autel. O que vous nous aimez parfaitement! Faites-moi la grâce de vous aimer de tout mon cœur, et de vous servir tous les jours de ma vie.

Après la Messe.

Seigneur Jésus, qui avez dit: laissez venir à moi les enfants, je suis venu aujourd'hui près de votre saint Autel, où je savais que vous vouliez venir, et j'ai eu la consolation de vous y voir : que je ne m'en retourne pas, ô mon Dieu, sans ressentir les effets de votre sainte bénédiction ! Renvoyez maintenant votre serviteur en paix, puisque mes yeux ont vu mon Sauveur. Bénissez-moi de telle sorte que, pendant les jours de ma jeunesse et pendant tout le cours de ma vie, je me souvienne de vous qui êtes mon Créateur et mon Rédempteur, et que je prenne bien garde de ne vous offenser jamais ô Jésus mon sauveur, qui êtes aussi mon Dieu !

En retournant dans sa maison.

Tous les Anges et tous les Saints, bénissez le Seigneur, de ce qu'il a institué un sacrifice si admirable. Mon âme, bénissez-le aussi avec eux, et que tout ce qui est au dedans de moi, loue son saint nom. Seigneur mon Dieu, soyez béni de la grâce que vous m'avez faite de connaître cet auguste mystère, et d'y assister aujourd'hui. O Dieu de bonté, qui multipliez sur moi vos faveurs les plus précieuses, je veux vous aimer de tout mon cœur, de toute mon âme, de toutes mes forces; je consens de souffrir toutes les misères, et même de mourir plutôt que de vous offenser jamais. Affermissez en moi une sainte résolution, ô Dieu, Père, Fils, et Saint-Esprit, auquel soit rendue toute la gloire par les Saints Anges et par les hommes, à présent et dans l'Eternité.

───

PETIT EXERCICE

DU

CHRÉTIEN,

POUR RÉGLER LES PRINCIPALES ACTIONS D'UN ENFANT CHRÉTIEN PENDANT LA JOURNÉE.

Le matin, à son réveil, il faut faire le signe de la croix, et dire : Mon Dieu, je vous donne mon cœur, recevez-le, s'il vous plaît; et faites, par votre sainte grâce, que nulle créature le possède.

Etant sorti du lit, il faut s'habiller modestement; et pendant qu'on s'habille il est bon de dire : Faites-moi la grâce, ô mon Sauveur Jésus-Christ, de me dépouiller du vieil homme en renonçant à toutes ses passions, et de me revêtir du nouveau, en marchant comme vous dans la justice et dans la sainteté.

Lorsqu'on est habillé, il faut prendre ⟨de⟩ l'eau bénite, se mettre à genoux devant que⟨l-⟩ qu'Image, et faire sa Prière.

Prière qui peut servir le matin et le soir.

Esprit saint, venez en nous, et remplisse⟨z⟩ nos cœurs de votre amour, afin que, par votr⟨e⟩ secours, nous fassions notre prière avec l⟨a⟩ piété, l'attention et le respect que nous devon⟨s⟩ à notre Dieu, à notre Père et à notre Juge, ⟨à⟩ qui nous osons l'adresser; par Jésus-Chris⟨t⟩ Notre Seigneur, qui vit et règne dans tous le⟨s⟩ siècles des siècles. Ainsi soit-il.

Acte de Contrition.

Mon Dieu, j'ai un grand regret de vou⟨s⟩ avoir offensé, parce que vous êtes infinimen⟨t⟩ bon, infiniment aimable, et que le péché vou⟨s⟩ déplaît; je me propose fermement, avec le se⟨-⟩ cours de votre sainte grâce, de m'en corriger⟨.⟩

Je me confesse à Dieu, etc., etc. Notr⟨e⟩ Père, etc., etc. Je crois en Dieu, etc., etc.

Acte d'Adoration.

Mon Dieu, je vous adore et je vous recon⟨-⟩

nais pour mon Créateur, mon souverain Seigneur, et ma dernière fin.

Acte de Foi.

Mon Dieu, je crois fermement tout ce que votre Sainte Église catholique croit, parce que c'est vous, ô vérité infaillible ! qui l'avez dit.

Je crois en Dieu, etc., etc.

Acte d'Espérance.

Mon Dieu, j'espère le pardon de mes péchés et mon salut par votre miséricorde, et par les mérites infinis de Notre Seigneur Jésus-Christ, mon Sauveur.

Notre Père, etc., etc.

Acte de Charité.

Mon Dieu, faites-moi la grâce de vous aimer de tout mon cœur, de toute mon âme, de toutes mes forces, et mon prochain comme moi-même pour l'amour de vous.

Les Commandements de Dieu et de l'Eglise, etc., etc.

Acte de Remercîment.

Mon Dieu, je vous remercie très-humblement de toutes les grâces que j'ai reçues de votre libérale bonté pendant toute ma vie, et particulièrement cette dernière nuit.

Acte d'Offrande.

Mon Dieu, je vous offre mes pensées, mes paroles et mes actions, je désire qu'elles soient toujours pour votre plus grande gloire. J'accepte, ô mon Dieu, tout ce qu'il vous plaira que je souffre aujourd'hui, en l'honneur et l'union de tout ce que mon Sauveur Jésus-Christ a souffert pour moi.

Acte d'Humilité.

Je ne suis rien, je ne puis rien, je ne vaux rien, sans votre miséricorde.

Seigneur, daignez, pendant ce jour, R. Nous préserver, de tout péché.

Ayez pitié de nous, Seigneur, R. Ayez pitié de nous.

Que votre miséricorde, ô mon Dieu, se répande sur nous, ℞. Selon l'espérance que nous avons mise en votre bonté.

Seigneur, exaucez ma prière; ℞. Et que mes cris s'élèvent jusqu'à vous.

Prions.

Seigneur Dieu tout-puissant, qui nous avez fait arriver au commencement de ce jour, par votre puissance infinie, afin que nous ne tombions en aucun péché en nous détournant de vos voies; mais que nos pensées, nos paroles et nos actions, ne tendent toutes qu'à l'accomplissement des Règles que votre justice nous prescrit; accordez nous cette grâce par Jésus-Christ Notre-Seigneur. Ainsi soit-il.

Le soir, avant la Prière, prendre de l'eau bénite, se mettre à genoux, dire les prières comme le matin, et dire l'Acte de Contrition; faire son examen de conscience, et dire le reste comme le matin jusqu'à l'Oraison, au lieu de laquelle on dira la suivante :

Prions.

Nous vous supplions, Seigneur, de visiter

cette demeure, et d'en éloigner toutes les embûches du démon, notre ennemi. Que vos saints Anges y habitent pour nous conserver en paix, et que votre bénédiction demeure toujours sur nous, par Jésus-Christ N. S. Ainsi soit-il.

Invocation de la sainte Vierge, de nos Anges Gardiens, et de tous les Saints.

Prions.

Accordez-nous, s'il vous plaît, Seigneur Dieu à nous qui sommes vos serviteurs, une santé perpétuelle de corps et d'esprit ; et que par l'intercession de la sainte et glorieuse Marie toujours Vierge, nous soyons délivrés des afflictions présentes, et jouissions un jour des joies éternelles.

Mon Dieu, qui, par votre providence ineffable, avez daigné envoyer vos Anges pour notre garde, accordez à nos très-humbles prières que nous soyons toujours secourus ici-bas de leur puissante protection, et que nous soyons dans le Ciel les compagnons de leur félicité éternelle.

Nous vous prions, Seigneur, que tous vos

Saints nous assistent en quelque lieu que nous soyons ; afin qu'honorant leurs mérites, nous obtenions de votre bonté, par leur puissante intercession, le secours de votre grâce qui les a sanctifiés dans ce monde, et la participation de la gloire dont ils jouissent dans l'autre, par Jésus-Christ Notre-Seigneur. Ainsi soit-il.

Prions pour nos parents, amis, bienfaiteurs, et généralement pour tous les Fidèles vivants ou morts.

Dieu tout-puissant et éternel, qui êtes le souverain maître des vivants et des morts, et qui faites miséricorde à tous ceux que vous connaissez devoir être du nombre de vos Elus par leur foi et leurs bonnes œuvres, nous vous supplions avec une humilité profonde, que ceux pour qui nous vous offrons des prières, soit qu'ils soient encore en ce monde environnés d'une chair mortelle, ou que, dépouillés de leurs corps, ils soient passés dans une autre vie, obtiennent de votre bonté, par l'intercession de tous vos Saints, la rémission de leurs péchés, par Jésus-Christ Notre Seigneur. Ainsi soit-il.

Que le Seigneur dispose de nos jours, et qu'il établisse nos actions dans sa sainte paix. Que le Seigneur nous bénisse, et nous préserve de tout mal; qu'il nous conduise à la vie éternelle; et que les âmes des Fidèles qui sont morts reposent en paix par sa miséricorde. Ainsi soit-il.

Le soir il faut dire :

Que le Seigneur tout-puissant et tout miséricordieux, le Père, le Fils, et le Saint-Esprit, nous donne une nuit tranquille et une heureuse fin ; qu'il nous bénisse et nous protége toujours Ainsi soit-il. Au nom du Père, etc.

Avant le repas.

Bénissez : R. Que ce soit le Seigneur; que la main de Jésus-Christ nous bénisse, et la nourriture que nous allons prendre. Au nom du Père, et du Fils, et du Saint-Esprit. Ainsi soit-il.

Après le repas.

Nous vous rendons grâces pour tous vos bienfaits, et principalement pour la nourriture que vous venez de nous donner, ô Dieu tout-puissant, qui vivez et régnez dans tous les siècles des siècles. Ainsi soit-il.

Lorsqu'on sonne le matin, à midi, et le soir pour la Salutation Angélique.

L'Ange du Seigneur annonça à Marie qu'elle serait la Mère du Sauveur, et elle conçut par l'opération du Saint-Esprit. Je vous salue, Marie, etc. Je suis la servante du Seigneur, qu'il me soit fait suivant votre parole. Je vous salue, Marie, etc. Et le Verbe s'est fait chair, et il a habité parmi nous.

Je vous salue, Marie, etc.

Prions.

Répandez, s'il vous plaît, Seigneur, votre grâce dans nos âmes, afin qu'ayant connu l'Incarnation de Jésus-Christ, votre Fils, par l'Ange qui l'annonça, nous arrivions, par les mérites de sa mort et passion, à la gloire de sa résurrection, par le même Jésus-Christ Notre Seigneur. Ainsi soit-il.

En entrant dans l'Eglise, il faut prendre de l'eau bénite, se mettre à genoux et adorer le Très-Saint Sacrement.

Acte d'Adoration.

Mon Seigneur et mon Dieu, Jésus, Fils de David, Christ, Fils du Dieu vivant, je vous adore, je crois fermement que vous êtes présent au saint Sacrement de l'Autel, j'espère que vous me ferez miséricorde, que vous me donnerez votre grâce en cette vie, et votre gloire en l'autre. Faites-moi la grâce de vous aimer de tout mon cœur, et de plutôt mourir que de vous offenser.

Acte d'Humilité.

Seigneur, je ne suis pas digne que vous entriez dans mon cœur; mais dites seulement une parole, et mon âme sera guerie.

Acte d'Action de grâces.

Que rendrai-je au Seigneur, pour tous les biens qu'il m'a faits? Je prendrai le Calice de Salut, et j'invoquerai son Saint Nom.

A l'Elévation du Calice.

O précieux Sang, qui avez été répandu pour nous sur la Croix, je vous adore : je vous crois véritablement dans ce Calice ; je suis prêt à répandre mon sang pour l'amour de vous. Guérissez-moi, purifiez-moi, sanctifiez-moi.

Le soir, avant de se coucher, il faut prendre de l'eau bénite, faire la prière en commun comme le matin, examiner sa conscience, et faire un Acte de Contrition ; ensuite se déshabiller, et se coucher modestement ; faire le signe de la Croix, et dire : Je remets, mon Dieu, mon âme entre vos mains.

FIN.